MARCO SEIFRIED

1 BROT - 50 AUFSTRICHE

FOTOGRAFIE: KLAUS ARRAS, COCO LANG

INHALT

Öffnen Sie die Klappen dieses Buches.
Dort finden Sie die wichtigsten Infos zum Thema auf einen Blick!

DAS PRINZIP:
AUFSTRICHE

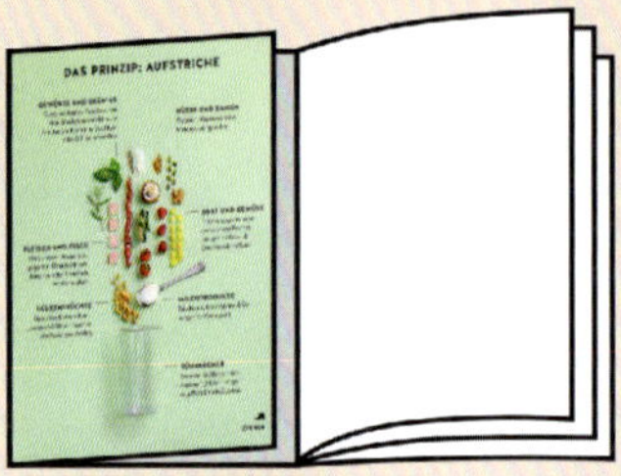

DIE PERFEKTE
KOMBI

Immer griffbereit:

SO GEHT'S:
ZERKLEINERN UND
AUFBEWAHREN

Immer griffbereit:

SO GEHT'S:
FLADENBROT
BACKEN

GU
CLOU

Wussten Sie schon, dass ...?
Entdecken Sie bei einigen ausgewählten Rezepten ganz besondere Tipps mit verblüffendem Insiderwissen. Aha-Momente garantiert!

Mit diesem Symbol sind alle vegetarischen Gerichte gekennzeichnet.

Die Backzeiten können je nach Herd variieren. Unsere Temperaturangaben beziehen sich auf das Backen im Elektroherd mit Ober- und Unterhitze.

Sammeln Ihrer Lieblingsrezepte mit der »GU Kochen Plus«-App (siehe S. 64)

REZEPTKAPITEL

MARCO SEIFRIED

Der Mensch lebt nicht vom Brot allein – man sollte unbedingt noch etwas Leckeres darauf streichen, findet Marco Seifried. Und das muss nicht immer Butter, Käse oder Wurst sein: Selbst gemachte Aufstriche sind die Krönung für Baguette, Pumpernickel & Co.!

Was mögen Sie an Aufstrichen?

Ob Frühstück oder Brunch, Abendbrot oder ein Partybuffet – für Aufstriche gibt es viele gute Gelegenheiten. Dieser Vielfalt entspricht auch die große Rezeptauswahl in diesem Buch: Hier werden sowohl Fleisch- und Fischfreunde als auch Vegetarier, Veganer und Süßschnäbel fündig. Ein weiterer Vorteil von Aufstrichen ist, dass sich Kindern und Obst- oder Gemüsemuffeln wie nebenbei auch etwas Gesundes unterjubeln lässt. Ansonsten weiß man genau, was drinsteckt – das ist mir persönlich wichtig.

Ist die Zubereitung nicht sehr aufwendig?

Nein, ein großer Teil der Rezepte ist ruckzuck gezaubert! Ein bisschen putzen, schnippeln und pürieren, das ist meistens schon alles. Für einige Rezepte werden Früchte, Gemüse oder Fleisch gegart – was aber ebenfalls schnell erledigt ist. Wer kurz bevor die Gäste eintrudeln nicht in Hektik geraten will, bereitet alles in Ruhe am Vortag zu. Luftdicht verpackt und gekühlt, kann man die meisten Aufstriche gut einige Tage aufbewahren.

Wozu schmecken Aufstriche am besten?

Perfekte Partner sind natürlich frische Brote, Brötchen oder Toast. Für ein extraknuspriges Vergnügen einfach alles kurz scheibchenweise rösten oder toasten. Meine Empfehlung dazu: unbedingt dick auftragen! Das gilt z. B. für Senf- oder Bärlauchbutter zu gegrilltem Fleisch und Gemüse, für Zaziki zu Ofenkartoffeln oder für Zwiebelmarmelade zu Hamburgern. Mit einer üppigen Schicht Erdbeer-Curd auf Mürbeteig-Tartes wird aus dem Fruchtaufstrich eine traumhafte Süßspeise. Und Nudel-Fans freuen sich über einen großen Klecks Zucchini-Pesto auf der Pasta – so vielseitig sind Aufstriche!

MEIN LIEBLINGS-BLITZREZEPT: BASILIKUM-TOMATEN-AUFSTRICH

60 g getrocknete Tomaten (in Öl) trocken tupfen und in Würfel schneiden.

½ Bund Basilikum waschen, trocken schütteln, Blättchen abzupfen und fein hacken.

200 g Frischkäse

mit 75 g Crème fraîche

und 2 TL Tomatenmark gut verrühren.

Tomatenwürfel und Basilikum unterheben. Mit Salz und Pfeffer abschmecken.

MIT FLEISCH & FISCH

Für 4 Personen • 25 Min. Zubereitung • 2–3 Tage haltbar • Pro Portion ca. 290 kcal, 8 g E, 24 g F, 11 g KH

DATTEL-SPECK-DIP

ORIENTALISCH

60 g Frühstücksspeck in Scheiben
1 Schalotte
1 Knoblauchzehe
1 TL Olivenöl
50 g getrocknete Datteln (entsteint)
50 g Schafskäse (z.B. Feta)
175 g Doppelrahmfrischkäse
80 g Schmand
mildes Currypulver
Salz, Pfeffer

TIPP
Wenn der Frühstücksspeck zu weich ist, lässt er sich nur schwer in kleine Würfel schneiden. Am besten die Scheiben vorher aufeinanderlegen und 15–20 Min. in das Gefrierfach legen: So wird der Speck schön schnittfest.

1 Den Frühstücksspeck in kleine Würfel schneiden. Eine kleine beschichtete Pfanne erhitzen und den Speck darin ohne Fett knusprig braten. Dann den Speck herausnehmen, auf Küchenpapier abtropfen und abkühlen lassen.

2 Inzwischen die Schalotte und den Knoblauch schälen und beides in feine Würfel schneiden. Das Öl in der Pfanne erhitzen. Die Schalotte und den Knoblauch darin glasig andünsten, herausnehmen und abkühlen lassen.

3 Inzwischen die Datteln klein würfeln. Mit der Schalotte und dem Knoblauch in einen hohen Rührbecher geben und alles pürieren. Den Schafskäse zerbröckeln und mit dem Frischkäse, dem Schmand und 1 TL Currypulver dazugeben. Kurz pürieren, mit Salz und Pfeffer abschmecken. Etwas Speck zum Garnieren beiseitelegen, den restlichen Speck unter den Dip rühren. Den Dattel-Speck-Dip mit dem beiseitegelegten Speck und 1 Prise Currypulver garnieren. Dazu passt indisches Naan-Brot.

Für 4 Personen • 25 Min. Zubereitung • 1–2 Tage haltbar • Pro Portion ca. 250 kcal, 6 g E, 23 g F, 5 g KH

KABANOSSI-PAPRIKA-FRISCHKÄSE

ZUM BRUNCH

75 g Kabanossi
1 Schalotte
1 Knoblauchzehe
1 rote Spitzpaprika (ca. 100 g)
1 EL Olivenöl
20 g Silberzwiebeln (aus dem Glas)
20 g milde Peperoni (aus dem Glas)
175 g Doppelrahmfrischkäse
40 g scharfer Ajvar (Paprikapaste; aus dem Glas)
Salz, Pfeffer
4 EL Radieschensprossen (nach Belieben)

1 Die Kabanossi in kleine Würfel schneiden. Schalotte und Knoblauch schälen, fein würfeln. Die Paprika waschen, halbieren, weiße Trennwände und Kerne entfernen, Paprika in kleine Würfel schneiden. Das Öl in einer kleinen beschichteten Pfanne erhitzen, die Kabanossi rundherum knusprig darin anbraten, dann herausnehmen und abkühlen lassen. Inzwischen Schalotte und Paprika in die heiße Pfanne geben und im verbliebenen Bratfett ca. 5 Min. bei mittlerer Hitze andünsten, dabei gelegentlich umrühren. Den Knoblauch kurz mitdünsten, dann alles aus der Pfanne nehmen und abkühlen lassen.

2 Inzwischen die Silberzwiebeln grob hacken und die Peperoni klein schneiden. Frischkäse und Ajvar mit einem Schneebesen glatt rühren. Die Paprikamischung, Kabanossi, Silberzwiebeln und Peperoni unterrühren. Die Frischkäsecreme mit Salz und Pfeffer abschmecken. Die Radieschensprossen kalt abbrausen, abtropfen lassen, trocken tupfen und darüberstreuen. Dazu passt Bauernbrot.

Für 4 Personen • 20 Min. Zubereitung • 1–2 Tage haltbar • Pro Portion ca. 400 kcal, 6 g E, 40 g F, 4 g KH

FLEISCHSALAT-AUFSTRICH

SCHNELL

25 g Kapern
200 g Fleischwurst
70 g Gewürzgurken (aus dem Glas)
½ Apfel
1 EL Zitronensaft
½ Bund Schnittlauch
120 g Mayonnaise
20 g Sahnemeerrettich (aus dem Glas)
1 EL mittelscharfer Senf
2 EL Gewürzgurkensud
Salz, Pfeffer

1 Die Kapern in ein Sieb abgießen, gut abtropfen lassen und klein hacken. Fleischwurst pellen und erst in dünne Scheiben, dann in kleine Würfel schneiden. Gewürzgurken ebenfalls klein würfeln. Den Apfel nach Belieben schälen, halbieren und Kerngehäuse entfernen, Apfel klein würfeln und gleich mit dem Zitronensaft vermischen.

2 Den Schnittlauch waschen, trocken schütteln und in feine Röllchen schneiden. Die Mayonnaise mithilfe eines Schneebesens mit dem Sahnemeerrettich, dem Senf und dem Gewürzgurkensud glatt rühren. Salzen und pfeffern.

3 1 TL Schnittlauchröllchen beiseitelegen, den übrigen Schnittlauch mit den Kapern unter die Mayonnaise-Mischung rühren. Fleischwurst, Gewürzgurken und Apfel unterheben. Den Fleischsalat-Aufstrich mit Salz und Pfeffer abschmecken und mit den beiseitegelegten Schnittlauchröllchen garnieren. Dazu passt Knäckebrot.

Für 4 Personen • 30 Min. Zubereitung •
3–4 Tage haltbar •
Pro Portion ca. 165 kcal, 11 g E, 12 g F, 1 g KH

PUTENBRUST-AUFSTRICH

FÜR GÄSTE

1 Schalotte • 5 Blätter Salbei • 1 EL Butter • 100 g geräucherte Putenbrust (am Stück) • 100 g Lachsschinken (in Scheiben) • 100 g Doppelrahmfrischkäse • 1 TL edelsüßes Paprikapulver • Salz, Pfeffer

1 Die Schalotte schälen und grob würfeln. Die Salbeiblätter sauber reiben und grob hacken. Die Butter in einer kleinen beschichteten Pfanne erhitzen und die Schalotte darin glasig andünsten. Salbei kurz mitdünsten, alles aus der Pfanne nehmen und abkühlen lassen.

2 Inzwischen die Putenbrust erst in Scheiben, dann in Stücke schneiden. Lachsschinken in grobe Stücke schneiden. Beides mit der Schalotten-Salbei-Mischung, Frischkäse und Paprikapulver in einem Blitzhacker auf mittlerer Stufe fein zerkleinern. Den Putenbrust-Aufstrich mit Salz und Pfeffer abschmecken. Dazu passt Roggenbrot.

Für 4 Personen • 25 Min. Zubereitung •
2–3 Tage haltbar •
Pro Portion ca. 260 kcal, 10 g E, 22 g F, 3 g KH

EIERCREME MIT SCHINKEN

ZUM BRUNCH

4 Eier • 40 g Cornichons (aus dem Glas) • 50 g gekochter Schinken (in Scheiben) • ½ Bund Schnittlauch • 25 g weiche Butter • 80 g Salatmayonnaise • 1 EL mittelscharfer Senf • Salz, Pfeffer

1 Die Eier ca. 10 Min. in kochendem Wasser garen, abgießen und in kaltem Wasser abkühlen lassen. Inzwischen Cornichons und Schinken klein würfeln. Schnittlauch waschen, trocken schütteln und in Röllchen schneiden.

2 Die Eier pellen und klein würfeln. Die Butter mit der Mayonnaise und dem Senf verrühren, salzen und pfeffern. Etwas Schnittlauch zum Garnieren beiseitelegen, den restlichen Schnittlauch mit Eiern, Cornichons, Schinken und der Mayonnaise-Mischung verrühren. Die Eiercreme mit dem beiseitegelegten Schnittlauch garnieren. Dazu passt Weißbrot.

Für 4 Personen • 25 Min. Zubereitung • 1 Tag haltbar • Pro Portion ca. 275 kcal, 26 g E, 18 g F, 3 g KH

TATAR MIT SARDELLEN

KLASSIKER

3 Schalotten • 2 Sardellenfilets (in Öl) • 2 Cornichons • 2 TL Kapern • 400 g Rindertatar (frisch vom Metzger durch den Fleischwolf gedreht) • 2 sehr frische Eigelb • 1 TL Dijon-Senf • ½ TL Tomatenmark • Salz, Pfeffer • ½ TL edelsüßes Paprikapulver • 4 Stängel Petersilie

1 Schalotten schälen, zwei Schalotten fein würfeln, eine in feine Ringe schneiden. Sardellen abtropfen lassen, trocken tupfen, fein hacken. Cornichons fein würfeln, Kapern klein hacken. Tatar, Eigelbe, Senf und Tomatenmark gut vermengen. Schalottenwürfel, Sardellen, Cornichons, Kapern Salz, Pfeffer und Paprikapulver untermischen.

2 Tatar vierteln und jedes Viertel auf einem Essteller rund formen, dazu evtl. einen Metallring (ca. 8 cm ∅) verwenden. Petersilie waschen, trocken schütteln, Blättchen grob hacken und mit den Schalottenringen auf das Tatar streuen.

Für 4 Personen • 30 Min. Zubereitung • 1 Std. 15 Min. Garen • ca. 7 Tage haltbar • Pro Portion ca. 535 kcal, 15 g E, 50 g F, 5 g KH

METT-RILLETTES

AROMATISCH

1 Zwiebel • 40 g Frühstücksspeck (in Scheiben) • 130 g Schweineschmalz • 260 g Schweinemett • 1 TL gelbe Senfkörner • 1 TL getrockneter Majoran • Pfeffer • 150 ml Apfelsaft • Salz • 3 Stängel Petersilie

1 Zwiebel schälen und klein würfeln, Speck ebenfalls klein würfeln. Schmalz in einem weiten Topf erhitzen, Speck darin anbraten. Mett zugeben und unter Rühren feinkrümelig braun braten. Zwiebel zugeben, kurz unter Rühren mitbraten. Mit Senfkörnern, Majoran und Pfeffer würzen.

2 Den Apfelsaft unterrühren, aufkochen und alles ca. 1 Std. zugedeckt, dann ca. 15 Min. offen sanft köcheln lassen, dabei immer wieder umrühren. Mit Salz abschmecken. Mett-Rillettes in vier Servierschälchen abkühlen lassen. Petersilie waschen, trocken schütteln, Blättchen abzupfen, klein hacken und darüberstreuen. Kühl servieren.

Für 6 Personen • 60 Min. Zubereitung • 3 Std. Kühlen • ca. 2 Tage haltbar • Pro Portion ca. 210 kcal, 13 g E, 15 g F, 3 g KH

GEFLÜGELLEBER-CREME

MIT ALKOHOL

350 g Hühnerleber
6 Blätter Salbei
1 Zwiebel
1 Knoblauchzehe
1 Apfel
1 EL Zitronensaft
85 g Butter
3 EL Calvados
Salz, Pfeffer
½ Bund Schnittlauch

DAZU PASST

Für Crostini 1 Ciabatta-Brot in Scheiben schneiden, auf einem Ofenrost verteilen. Im Backofen (Mitte) bei 200° in ca. 10 Min. knusprig rösten. 1 große Knoblauchzehe schälen, halbieren und die noch warmen Brotscheiben damit einreiben. Nach Gusto einige Tropfen Olivenöl darüberträufeln.

1 Die Hühnerleber trocken tupfen, Sehnen und Häutchen wegschneiden und die Leber in kleine Stücke schneiden. Die Salbeiblätter sauber reiben und fein schneiden. Zwiebel und Knoblauch schälen und fein würfeln. Den Apfel schälen, vierteln und das Kerngehäuse entfernen. Den Apfel klein würfeln und gleich mit dem Zitronensaft vermischen.

2 2 EL Butter in einer beschichteten Pfanne erhitzen. Die Hühnerleber 5–10 Min. rundherum darin anbraten. Danach 1 EL Calvados in das Bratfett einrühren und verdampfen lassen. Die Leber herausnehmen und etwas abkühlen lassen.

3 Inzwischen die Pfanne bei Bedarf auswischen und 1 EL Butter darin erhitzen. Zwiebel, Knoblauch und Apfel darin andünsten. Dann 50 ml Wasser dazugießen und alles offen 5–10 Min. köcheln lassen, bis die Flüssigkeit verdampft ist. Den Salbei kurz mitgaren, dann den übrigen Calvados (2 EL) untermengen. Salzen und pfeffern, etwas abkühlen lassen.

4 Inzwischen die übrige Butter schmelzen und etwas abkühlen lassen. Die lauwarme Leber bei Bedarf abtropfen lassen und mit der lauwarmen Apfelmischung in einem hohen Rührbecher fein pürieren, dabei die flüssige Butter nach und nach dazugießen. Die Geflügelleber-Creme salzen, pfeffern und in ein oder mehrere Servierschälchen füllen. Abkühlen lassen und vor dem Servieren zugedeckt ca. 3 Std. kalt stellen. Den Schnittlauch waschen, trocken schütteln, in feine Röllchen schneiden und über die Geflügelleber-Creme streuen.

Für 4 Personen • 30 Min. Zubereitung • 25 Min. Garen • ca. 2 Tage haltbar • Pro Portion ca. 250 kcal, 16 g E, 16 g F, 9 g KH

HÄHNCHENAUFSTRICH

ZUM BRUNCH

3 Frühlingszwiebeln
150 g Champignons
250 g Hähnchenbrustfilets
375 ml Gemüsebrühe
2 Pfirsichhälften (aus der Dose)
100 g Salatmayonnaise
70 g griechischer Joghurt (10 % Fett)
2 TL Weißweinessig
1 TL mildes Currypulver
Salz, Pfeffer

1 Von den Frühlingszwiebeln Wurzelansätze und welke grüne Teile abschneiden. Frühlingszwiebeln waschen, weiße Teile in grobe Stücke, grüne Teile in feine Ringe schneiden. Pilze putzen, mit einem Küchenpapier sauber abreiben und halbieren. Die Hähnchenbrustfilets trocken tupfen. Brühe mit den weißen Frühlingszwiebelstücken in einem Topf aufkochen. Hähnchen ca. 25 Min. zugedeckt darin köcheln, dabei nach ca. 10 Min. die Pilze zugeben und mitköcheln.

2 Inzwischen die Pfirsiche abtropfen lassen und klein würfeln. Die Hähnchenbrustfilets und die Champignons aus dem Topf nehmen (den übrigen Kochsud und die weißen Frühlingszwiebelstücke z. B. für eine Suppe weiterverwenden). Hähnchen und Pilze abtropfen und abkühlen lassen, dann klein würfeln. Die Mayonnaise mit dem Joghurt, Essig und Currypulver verrühren. Hähnchen, Frühlingszwiebelgrün, Pilze und Pfirsiche unterrühren und den Hähnchenaufstrich mit Salz und Pfeffer abschmecken. Dazu passen Pumpernickel-Taler.

Für 6 Personen • 35 Min. Zubereitung • 2–3 Tage haltbar • Pro Portion ca. 175 kcal, 4 g E, 16 g F, 3 g KH

KASSELER-CREME MIT LAUCH

SCHNELL

1 Ei
1 kleine Stange Lauch
1 EL Butter
2 EL Pinienkerne
60 g Kasseler-Aufschnitt
125 g Doppelrahmfrischkäse
75 g Crème fraîche
1 EL mittelscharfer Senf
1 TL Zitronensaft
Salz, Pfeffer

1 Das Ei ca. 10 Min. in kochendem Wasser garen, abgießen und in kaltem Wasser abkühlen lassen. Inzwischen den Lauch putzen, waschen und halbieren. Die Hälften in Streifen und diese in ca. ½ cm große Stücke schneiden. Die Butter in einer kleinen beschichteten Pfanne erhitzen. Lauchstücke unter Rühren 2–3 Min. darin andünsten, danach herausnehmen und abkühlen lassen.

2 Die Pfanne auswischen und die Pinienkerne darin ohne Fett anrösten, bis sie leicht bräunen und duften. Herausnehmen und abkühlen lassen. Die Kasselerscheiben (wie die Lauchstücke) in ca. ½ cm große Stücke schneiden und das Ei fein würfeln. Den Frischkäse mit Crème fraîche, Senf und Zitronensaft verrühren, salzen und pfeffern. Das Ei, den Lauch, ca. zwei Drittel der Pinienkerne und die Kasselerstückchen unterrühren. Die Kasseler-Creme mit den restlichen Pinienkernen garnieren. Dazu passt Bauernbrot.

Für 4 Personen • 30 Min. Zubereitung • 3 Std. Kühlen • ca. 2 Tage haltbar • Pro Portion ca. 285 kcal, 12 g E, 25 g F, 2 g KH

LACHSMOUSSE

FÜRS BUFFET

3 Stängel Dill
200 g Räucherlachs (in Scheiben)
20 g Sahnemeerrettich (aus dem Glas)
60 g Crème fraîche mit Kräutern
2 TL Zitronensaft
160 g Sahne
Salz, Pfeffer
2 Blätter Gelatine

1 Den Dill waschen und trocken schütteln, die Blättchen von den Stängeln zupfen und fein schneiden. Den Räucherlachs klein würfeln, mit Sahnemeerrettich, Crème fraîche, Zitronensaft und 60 g Sahne mit einem Pürierstab fein pürieren. Den Dill unterrühren und mit wenig Salz und Pfeffer abschmecken.

2 Die Gelatine ca. 5 Min. in kaltem Wasser einweichen. Inzwischen die übrige Sahne mit den Rührbesen des Handrührgeräts steif schlagen. Die Gelatine abtropfen lassen und in einem kleinen Topf sanft erhitzen, bis sie geschmolzen ist. Zuerst 2 EL Lachspüree unterrühren, dann das übrige Lachspüree untermengen. Die Sahne mit einem Schneebesen unterheben und die Lachsmousse zugedeckt ca. 3 Std. kalt stellen. Dazu passt Vollkorntoast.

Für 4 Personen • 25 Min. Zubereitung • 3–4 Tage haltbar •
Pro Portion ca. 185 kcal, 11 g E, 15 g F, 2 g KH

RÄUCHERFORELLEN-CREME

EINFACH

1 Schalotte
1 EL Butter
¼ Apfel
2 TL Zitronensaft
2 Stängel Dill
200 g Räucherforellenfilets (ohne Haut)
60 g Crème fraîche
45 g Sahnemeerrettich (aus dem Glas)
Salz, Pfeffer

1 Die Schalotte schälen und fein würfeln. Die Butter in einer kleinen beschichteten Pfanne erhitzen. Die Schalotte darin glasig andünsten, herausnehmen und abkühlen lassen. Den Apfel waschen, vom Kerngehäuse befreien, fein würfeln und gleich mit dem Zitronensaft vermischen. Den Dill waschen, trocken schütteln und die Blättchen von den Stängeln zupfen. Einen Teil davon zum Garnieren beiseitelegen, den restlichen Dill fein schneiden.

2 Die Forellenfilets mit einer Gabel fein zerdrücken. Den Apfel kurz abtropfen lassen und mit den Forellenfilets, der Crème fraîche, 40 g Sahnemeerrettich und der Schalotte verrühren. Mit Salz und Pfeffer abschmecken. Den geschnittenen Dill unterrühren und die Räucherforellen-Creme mit dem übrigen Sahnemeerrettich und dem restlichen Dill garnieren. Dazu passt Roggen- oder Sauerteigbrot.

GU CLOU

In diesem Rezept wird Butter geklärt: Auf diese Weise entsteht ein besonders feiner Buttergeschmack, der sehr gut zu Garnelen und anderen Meeresfrüchten passt. Entscheidend ist, die Butter in einem kalten Topf langsam bei kleiner Hitze offen zu erhitzen – sie darf nicht zu heiß oder braun werden. Ist sie geklärt, kann sie stark erhitzt werden und ist lange haltbar.

Für 6 Personen • 50 Min. Zubereitung • 2 Std. Kühlen • 3–4 Tage haltbar • Pro Portion ca. 370 kcal, 12 g E, 36 g F, 1 g KH

POTTED SHRIMPS

AUS ENGLAND

360 g Garnelen (frisch oder TK, roh, ohne Kopf, mit Schale)
250 g ungesalzene Butter
1 EL Zitronensaft
1 TL Sardellenpaste
¼ TL gemahlene Muskatblüte
¼ TL Cayennepfeffer
geriebene Muskatnuss
1 Bio-Zitrone
3 Stängel Petersilie

1 Tiefgekühlte Garnelen auftauen lassen. Butter in einem Topf bei kleiner Hitze schmelzen und langsam aufkochen. Dabei nicht rühren, sondern den aufsteigenden Schaum immer wieder mit einer Schaumkelle abschöpfen, bis sich kein Schaum mehr bildet, die Butter ihre milchige Farbe verliert und klar aussieht.

2 Die Garnelen schälen und die Schalen beiseitestellen. Die Garnelen am Rücken leicht einschneiden und den schwarzen Darmfaden entfernen. Die Schalen kalt abspülen, gut abtropfen lassen, in einem Gefrierbeutel verschließen und mit einem Nudelholz flach drücken. Die Schalen in die geklärte Butter geben und bei kleiner Hitze ca. 10 Min. ziehen lassen. Dann die Butter durch ein feines Sieb gießen und die Garnelenschalen etwas ausdrücken, die Butter dabei auffangen. Die Garnelen kalt abspülen, trocken tupfen und grob zerkleinern.

3 Die Butter erneut im Topf erhitzen, Zitronensaft und Sardellenpaste einrühren, dann Muskatblüte, Cayennepfeffer, 1 Prise Muskatnuss und Garnelen zugeben. Alles ca. 5 Min. bei mittlerer Hitze garen, dabei ab und zu umrühren. Im Topf abkühlen lassen und zugedeckt ca. 2 Std. kalt stellen.

4 Die abgesetzte Flüssigkeit abgießen. Die Potted Shrimps nochmals aufkochen und in Servierschälchen füllen. Abkühlen lassen und kalt stellen. Zitrone heiß waschen, trocken tupfen und in Spalten schneiden. Petersilie waschen, Blättchen abzupfen, klein hacken und über die Potted Shrimps streuen. Mit Zitronenspalten garnieren. Dazu passt geröstetes Toastbrot.

Für 4 Personen • 20 Min. Zubereitung • 1–2 Tage haltbar • Pro Portion ca. 365 kcal, 13 g E, 33 g F, 4 g KH

THUNFISCH-AVOCADO-PASTE

SCHNELL

1 Ei
1 Dose Thunfisch (in Öl, 185 g)
1 Knoblauchzehe
100 g Salatmayonnaise
1 TL mittelscharfer Senf
1 reife Avocado (ca. 200 g)
1 TL Zitronensaft
30 g schwarze Oliven (entsteint)
25 g kleine Kapern
Salz, Pfeffer

1 Das Ei ca. 10 Min. in kochendem Wasser garen, abgießen und in kaltem Wasser abkühlen lassen. Inzwischen den Thunfisch gut abtropfen lassen und mit einer Gabel fein zerdrücken. Den Knoblauch schälen und durch eine Knoblauchpresse drücken. Mit Thunfisch, Salatmayonnaise und Senf vermengen.

2 Die Avocado längs halbieren, den Kern entfernen und das Fruchtfleisch mit einem Löffel aus der Schale lösen. Das Fruchtfleisch mit einer Gabel fein zerdrücken und gleich mit dem Zitronensaft vermischen. Die Oliven in Ringe schneiden. Das Ei pellen, das Eigelb herauslösen und mit einer Gabel fein zerdrücken (das Eiweiß anderweitig verwenden). Das Eigelb mit der Avocado, den Oliven und den Kapern unter die Thunfischmischung rühren. Die Thunfisch-Avocado-Paste mit Salz und Pfeffer abschmecken. Dazu passt Ciabatta.

Für 4 Personen • 25 Min. Zubereitung • 15 Min. Backen • ca. 1 Tag haltbar • Pro Portion ca. 375 kcal, 20 g E, 20 g F, 26 g KH

THUNFISCH-GOUDA-AUFSTRICH

EINFACH

1 Dose Thunfisch (im eigenen Saft, 185 g)
60 g Maiskörner (aus der Dose)
1 Spitzpaprika (ca. 90 g)
1 Gewürzgurke
2 Frühlingszwiebeln
60 g Gouda
1 Knoblauchzehe
80 g Mayonnaise
30 g Salsasauce (Fertigprodukt)
Salz, Pfeffer
2 Baguettebrötchen
3 Stängel Petersilie

1 Den Thunfisch gut abtropfen lassen und mit einer Gabel grob zerzupfen, Mais ebenfalls abtropfen lassen. Inzwischen die Paprika waschen, halbieren, von weißen Trennwänden und Kernen befreien und fein würfeln. Die Gewürzgurke erst in Scheiben, dann in Würfel schneiden. Den Backofen auf 180° vorheizen.

2 Von den Frühlingszwiebeln Wurzelansätze und welke grüne Teile abschneiden, Frühlingszwiebeln waschen und samt Grün in feine Ringe schneiden. Gouda grob reiben, Knoblauch schälen und dazupressen. Mayonnaise und Salsasauce mit einem Löffel unterrühren. Thunfisch, Mais, Paprika, Gurke und Frühlingszwiebeln zugeben, alles gut durchmischen, salzen und pfeffern. Die Brötchen halbieren, mit dem Aufstrich bestreichen und auf einem mit Backpapier belegten Blech im heißen Ofen (Mitte) 10–15 Min. überbacken (alternativ den Aufstrich kalt essen). Petersilie waschen, trocken schütteln, Blättchen abzupfen, klein hacken und darüberstreuen.

VEGETARISCHES

GU
CLOU

Egal ob frischer oder aufgetauter TK-Blattspinat: Die gedünstete Spinatmischung muss in einem Sieb gut abtropfen, wenn sich Flüssigkeit im Topf gebildet hat. Ansonsten wird der Aufstrich zu flüssig und erhält eine dunkle, unansehnliche Farbe. Bei Bedarf den Spinat zusätzlich mit den Händen etwas ausdrücken.

Für 4 Personen • 35 Min. Zubereitung • ca. 2 Tage haltbar • Pro Portion ca. 355 kcal, 14 g E, 31 g F, 4 g KH

SCHAFSKÄSE-SPINAT-DIP MIT WALNÜSSEN

AUS DER TÜRKEI

1 Knoblauchzehe
1 Schalotte
125 g junger Blattspinat (ersatzweise aufgetauter TK-Blattspinat)
2 EL Olivenöl
Salz, Pfeffer
35 g Walnusskerne
250 g Schafskäse (z.B. Feta)
100 g griechischer Joghurt (10 % Fett)
1 TL Zitronensaft
2 EL Butter
2 TL edelsüßes Paprikapulver

GUT ZU WISSEN

Zerlassene Butter wird in der türkischen Küche gerne mit Paprikapulver vermischt – als Geschmacks-Extra und Farbklecks für kleine Gerichte wie Dips, Suppen, Saucen, Gemüse- oder Fleischgerichte.

1 Den Knoblauch und die Schalotte schälen und fein würfeln. Frischen Spinat verlesen, putzen, waschen und trocken schleudern. Das Olivenöl in einem Topf erhitzen, die Schalotte goldgelb darin andünsten. Spinat und Knoblauch zugeben und den Spinat unter Rühren zusammenfallen lassen. Salzen, pfeffern und in ein Sieb abgießen, abkühlen und gut abtropfen lassen.

2 Inzwischen die Walnusskerne halbieren und in einer kleinen beschichteten Pfanne ohne Fett goldbraun rösten. Aus der Pfanne nehmen und abkühlen lassen. Den Schafskäse grob zerbröckeln und mit dem Joghurt und dem Zitronensaft in einen Rührbecher geben, alles mit einem Pürierstab grob pürieren.

3 Die Butter in einem kleinen Topf erhitzen. Das Paprikapulver einrühren und die Butter aufschäumen lassen, dann vom Herd nehmen. Den Spinat grob hacken. Mit den Walnüssen unter die Schafskäse-Joghurt-Mischung rühren. Mit Salz und Pfeffer abschmecken. Den Schafskäse-Spinat-Dip mit der Paprika-Butter beträufeln. Dazu passt Weißbrot, z. B. Fladenbrot.

Für 6 Personen • 20 Min. Zubereitung • 2–3 Tage haltbar • Pro Portion ca. 200 kcal, 7 g E, 15 g F, 9 g KH

FEIGEN-ZIEGENKÄSE-AUFSTRICH

GELINGT LEICHT

20 g Pinienkerne
2 Frühlingszwiebeln
2 Zweige Thymian
75 g getrocknete Soft-Feigen
200 g Ziegenfrischkäse
75 g Crème fraîche
1 TL mittelscharfer Senf
2 EL Orangensaft
Salz, Pfeffer

1 Pinienkerne in einer beschichteten Pfanne ohne Fett goldbraun rösten, herausnehmen und abkühlen lassen. Von den Frühlingszwiebeln die Wurzelansätze und die welken grünen Teile abschneiden. Frühlingszwiebeln waschen, samt Grün in feine Ringe schneiden. Thymian waschen, trocken schütteln, Blättchen abzupfen, einen kleinen Teil beiseitelegen, den Rest fein hacken. Feigen klein würfeln.

2 Ziegenfrischkäse, Crème fraîche, Senf, Orangensaft und den gehackten Thymian in einer Rührschüssel mit den Rührbesen des Handrührgeräts cremig rühren. Mit Salz und Pfeffer abschmecken.

3 Je 1 TL von den Pinienkernen, den Frühlingszwiebeln und den Feigen beiseitelegen, die jeweiligen Reste unter die Frischkäsemischung rühren. Den Aufstrich mit den beiseitegelegten Pinienkernen, den Frühlingszwiebelringen, den Feigenwürfeln und den Thymianblättchen garnieren. Dazu passt geröstetes Weißbrot.

Für 6 Personen • 30 Min. Zubereitung • ca. 2 Tage haltbar • Pro Portion ca. 185 kcal, 5 g E, 15 g F, 7 g KH

BIRNEN-GORGONZOLA-CREME

HERBST-REZEPT

1 reife Birne
(z. B. Abate Fetel, ca. 270 g)
3 EL Apfelsaft
2 TL Rohrzucker
2 EL Zitronensaft
1 TL Speisestärke
2 EL Walnusskerne
100 g Gorgonzola dolce
150 g Doppelrahmfrischkäse
70 g griechischer Joghurt
(10 % Fett)
Salz, Pfeffer

1 Die Birne schälen, längs vierteln, vom Kerngehäuse befreien und klein würfeln. Mit Apfelsaft, Zucker und Zitronensaft in einem Topf vermischen. Aufkochen und 5–8 Min. bei mittlerer Hitze köcheln lassen. Die Stärke mit 1 EL kaltem Wasser verrühren, in das Kompott einrühren und alles ca. 1 Min. kochen, dann abkühlen lassen.

2 Inzwischen die Walnüsse grob hacken und in einer beschichteten Pfanne ohne Fett rösten, dann herausnehmen und abkühlen lassen. Den Gorgonzola in einer Rührschüssel mit einer Gabel zerdrücken. Frischkäse und Joghurt unterrühren, salzen und pfeffern. Die Hälfte des Birnenkompotts unterheben. Die Birnen-Gorgonzola-Creme mit ca. 2 EL Kompott und den Walnüssen garnieren, das restliche Kompott dazureichen. Dazu passt Roggen- oder Dinkelvollkornbrot.

Für 4 Personen • 20 Min. Zubereitung • 30 Min. Ruhen • 2–3 Tage haltbar • Pro Portion ca. 390 kcal, 15 g E, 36 g F, 3 g KH

OBATZDA

AUS BAYERN

1 Zwiebel • 80 g weiche Butter • 240 g reifer Camembert • 75 g Doppelrahmfrischkäse • 1 ½ TL edelsüßes Paprikapulver • ½ TL rosenscharfes Paprikapulver • Salz, Pfeffer • ½ Bund Schnittlauch • ½ TL Kümmelkörner (nach Belieben)

1 Die Zwiebel schälen, 2 dünne Scheiben abschneiden, den Rest klein würfeln. 1 TL Butter erhitzen, Zwiebelwürfel darin andünsten, abkühlen lassen. Camembert mit einer Gabel zerdrücken. Restliche Butter, Frischkäse und Zwiebelwürfel unterkneten. Mit 1 TL edelsüßem Paprikapulver, rosenscharfem Paprikapulver, Salz und Pfeffer würzen. Zugedeckt ca. 30 Min. ziehen lassen.

2 Den Schnittlauch waschen, trocken schütteln und in Röllchen schneiden. Obatzda mit dem übrigen edelsüßen Paprikapulver, den Kümmelkörnern, den Zwiebelringen und dem Schnittlauch garnieren. Dazu passt Laugengebäck.

Für 4 Personen • 15 Min. Zubereitung • 20 Min. Backen • Pro Portion ca. 425 kcal, 24 g E, 35 g F, 2 g KH

OFENCREME »QUATTRO FORMAGGI«

EINFACH

80 g Pecorino • 125 g Mozzarella • 120 g Fontina (italienischer Schnittkäse; ersatzweise Provolone) • 150 g Ziegenfrischkäse • 1 Knoblauchzehe • 2 Zweige Thymian • 2 EL Olivenöl • Pfeffer • 4 ofenfeste Förmchen (à ca. 140 ml) • Butter für die Förmchen

1 Backofen auf 160° vorheizen. Pecorino fein reiben. Mozzarella abtropfen lassen, mit dem Fontina klein würfeln. Beides mit dem Ziegenfrischkäse zum Pecorino geben, Knoblauch schälen und dazupressen. Thymian waschen, trocken schütteln, Blättchen abzupfen, die Hälfte davon zur Käsemischung geben, Rest beiseitelegen. Öl zugießen, pfeffern und alles gut vermengen.

2 Die Förmchen mit Butter fetten. Die Käsemischung einfüllen und ca. 20 Min. im heißen Ofen (Mitte) backen. Die Ofencreme mit dem restlichen Thymian und etwas Pfeffer bestreuen. Dazu passt kräftiges Bauernbrot zum Dippen.

Für 4 Personen • 15 Min. Zubereitung • 2 Std. 15 Min. Ruhen • ca. 3 Tage haltbar • Pro Portion ca. 290 kcal, 1 g E, 31 g F, 1 g KH

BÄRLAUCHBUTTER MIT LIMETTE

FRÜHLINGS-REZEPT

50 g Bärlauch • 1 Bio-Limette • 150 g weiche Butter • ½ TL Worcester-Sauce • Salz, Pfeffer • ½ TL edelsüßes Paprikapulver

1 Bärlauch putzen, waschen, trocken schleudern und fein hacken. Die Limette heiß waschen und trocken tupfen. Von einer Hälfte die Schale fein abreiben und den Saft auspressen. Die Butter mit den Rührbesen des Handrührgeräts cremig rühren. Bärlauch, Worcester-Sauce, Limettenabrieb und 1 TL Limettensaft unterrühren. Mit Salz, Pfeffer und Paprikapulver abschmecken.

2 Bärlauchbutter in ein Servierschälchen füllen, ca. 2 Std. zugedeckt kalt stellen und ca. 15 Min. vor dem Servieren aus dem Kühlschrank nehmen. Von der übrigen Limettenhälfte mit dem Zestenreißer einige Zesten abziehen und die Bärlauchbutter damit garnieren. Dazu passt geröstetes Ciabatta.

Für 4 Personen • 15 Min. Zubereitung • 2 Std. 15 Min. Ruhen • ca. 3 Tage haltbar • Pro Portion ca. 340 kcal, 4 g E, 35 g F, 3 g KH

SENFBUTTER MIT ESTRAGON

GUT VORZUBEREITEN

2 Eier • 3 Stängel Estragon • 150 g weiche Butter • 10 g Honig • 15 g mittelscharfer Senf • 5 g scharfer Senf • 1 TL Zitronensaft • ¼ TL mildes Currypulver • Salz, Pfeffer

1 Eier ca. 10 Min. in kochendem Wasser garen, dann in kaltem Wasser abkühlen lassen. Estragon waschen, trocken schütteln, Blättchen abzupfen und fein hacken. Butter und Honig mit den Rührbesen des Handrührgerats cremig rühren.

2 Eier längs halbieren, Eigelbe herauslösen und durch ein feines Sieb streichen (Eiweiße anderweitig verwenden). Die Eigelbe mit Senf, Zitronensaft, Currypulver und Estragon unter die Butter-Honig-Mischung rühren. Salzen und pfeffern. Die Senfbutter in einem Servierschälchen ca. 2 Std. zugedeckt kalt stellen, ca. 15 Min. vor dem Servieren aus dem Kühlschrank nehmen. Dazu passt Pumpernickel, Fisch oder Grillfleisch.

Für 4 Personen • 25 Min. Zubereitung • 30 Min. Kühlen • ca. 2 Tage haltbar • Pro Portion ca. 175 kcal, 8 g E, 14 g F, 5 g KH

ZAZIKI

KLASSIKER

150 g Salatgurke
Salz
3 Stängel Dill
150 g griechischer Joghurt (10 % Fett)
250 g Sahnequark
2 TL Weißweinessig
3 TL Olivenöl
Pfeffer
Zucker
2 Knoblauchzehen

1 Die Salatgurke putzen, schälen und längs halbieren, die Kerne mit einem Löffel herauskratzen. Das Fruchtfleisch grob raspeln, mit ½ TL Salz vermischen und ca. 10 Min. ziehen lassen. Inzwischen den Dill waschen und trocken schütteln, die Blättchen von den Stängeln zupfen und klein schneiden. Den Joghurt mit Quark, Essig und Öl verrühren, mit Pfeffer und 1 Prise Zucker würzen.

2 Die Gurkenraspel in einem feinen Sieb abtropfen lassen und mit einem Löffel etwas ausdrücken. Mit dem Dill unter die Joghurtmischung rühren, dabei etwas Dill für die Garnitur beiseitelegen. Den Knoblauch schälen und dazupressen. Das Zaziki ca. 30 Min. zugedeckt kalt stellen. Mit Salz und Pfeffer abschmecken, mit dem restlichen Dill garnieren.

Für 4 Personen • 15 Min. Zubereitung • 25 Min. Garen • 3–4 Tage haltbar • Pro Portion ca. 275 kcal, 3 g E, 23 g F, 14 g KH

KARTOFFEL-KNOBLAUCH-PASTE

AUS GRIECHENLAND

400 g festkochende Kartoffeln
Salz
6 grüne Oliven (entsteint)
4 junge Knoblauchzehen
75 ml Olivenöl
20 g Mandeln
1 EL Weißweinessig

AUSSERDEM

1 TL Olivenöl zum Beträufeln

TIPP

Nehmen Sie zum Zerkleinern der Kartoffeln keinen Pürierstab, sonst wird die Masse schnell klebrig und zäh.

1 Kartoffeln waschen und in kochendem Salzwasser in 15–25 Min. weich garen. Inzwischen die Oliven in Ringe schneiden. Knoblauch schälen, durch eine Knoblauchpresse drücken und mit dem Olivenöl verrühren. Die Kartoffeln abgießen, mit kaltem Wasser abschrecken, pellen und durch eine Kartoffelpresse drücken oder fein zerstampfen. Danach die Masse etwas abkühlen lassen.

2 Inzwischen die Mandeln in einem Schälchen mit kochend heißem Wasser überbrühen und kurz darin ziehen lassen, dann eiskalt abschrecken und häuten. Trocken tupfen, mit dem Blitzhacker fein mahlen und mit den Kartoffeln, dem Knoblauch-Öl und dem Weißweinessig verrühren. Bei Bedarf etwas Wasser untermengen, damit die Masse cremiger wird. Die Kartoffel-Knoblauch-Paste mit Salz abschmecken, mit den Olivenringen garnieren und mit Olivenöl beträufeln. Dazu passt Krusten-, Nuss oder Sonnenblumenbrot.

Für 6 Personen • 45 Min. Zubereitung • 3–4 Tage haltbar • Pro Portion ca. 155 kcal, 5 g E, 9 g F, 12 g KH

ROTE-LINSEN-PASTE

VEGAN

1 rote Paprika
100 g rote Linsen
1 Zwiebel
2 Knoblauchzehen
50 g getrocknete Tomaten
3 EL Olivenöl
1 TL Tomatenmark
½ TL mildes Currypulver
2 Stängel Basilikum
Salz, Pfeffer

AUSSERDEM
Öl für das Backblech

1 Den Backofengrill auf höchster Stufe vorheizen, ein Backblech mit etwas Öl fetten. Die Paprika waschen, längs vierteln, weiße Trennwände und Kerne entfernen und die Paprika auf das Blech legen. Im heißen Ofen (oben) 5–8 Min. grillen, bis die Haut Blasen wirft und dunkel wird. Danach die Paprika kurz abkühlen lassen, in einem Gefrierbeutel verschließen und ca. 15 Min. ruhen lassen.

2 Inzwischen die Linsen in 225 ml Wasser in 10–12 Min. weich kochen, bis die Flüssigkeit aufgesogen ist, danach abkühlen lassen. Währenddessen Zwiebel und Knoblauch schälen und klein würfeln, die Tomaten ebenfalls klein würfeln.

3 Die Paprikahaut mit einem spitzen Messer abziehen und das Fruchtfleisch klein schneiden. 1 EL Öl in einem kleinen Topf erhitzen. Paprika, Zwiebel und Knoblauch darin andünsten. Tomatenmark und Currypulver unterrühren, kurz anschwitzen, dann ca. 100 ml Wasser und die Tomaten zugeben. Alles aufkochen und ca. 5 Min. unter gelegentlichem Rühren offen köcheln, bis die Flüssigkeit verkocht ist, dann abkühlen lassen.

4 Inzwischen das Basilikum waschen und trocken schütteln, die Blättchen abzupfen und klein hacken. Mit dem übrigen Olivenöl (2 EL) vermischen und salzen. Die Linsen mit der Paprika-Zwiebel-Mischung fein pürieren, mit Salz und Pfeffer abschmecken. Die Rote-Linsen-Paste mit dem Basilikum-Öl beträufeln. Dazu passt Olivenbrot.

Für 4 Personen • 25 Min. Zubereitung • 30 Min. Backen • 3–4 Tage haltbar • Pro Portion ca. 370 kcal, 14 g E, 20 g F, 33 g KH

HUMMUS MIT ROTER BETE

ORIENTALISCH

250 g Rote Bete
5 EL Olivenöl
1 Dose Kichererbsen (ca. 250 g Abtropfgewicht)
1 Knoblauchzehe
2 EL Zitronensaft
25 g Tahin (Sesampaste)
Salz, Pfeffer
½ TL gemahlener Kreuzkümmel

1 Den Backofen auf 180° vorheizen und ein Backblech mit Backpapier auslegen. Die Rote Bete schälen (dabei am besten Einmalhandschuhe verwenden, da Rote Bete stark abfärbt) und in ca. 1,5 cm große Würfel schneiden. Diese mit 1 EL Öl gut vermischen und auf dem Blech verteilen. Dann die Rote Bete 25–30 Min. im heißen Ofen (Mitte) backen, herausnehmen und abkühlen lassen.

2 Inzwischen die Kichererbsen in ein Sieb abgießen, kalt abbrausen und gut abtropfen lassen. Den Knoblauch schälen und grob hacken. Mit Kichererbsen, Zitronensaft, Tahin, 3 EL Öl und 70 g gebackener Roter Bete fein pürieren. Dann 50–60 ml Wasser untermengen und mit Salz, Pfeffer und Kreuzkümmel abschmecken. Den Hummus mit dem übrigen Öl (1 EL) beträufeln und mit den restlichen Rote-Bete-Würfeln garnieren. Dazu passt Fladenbrot mit Sesam.

Für 4 Personen • 20 Min. Zubereitung • ca. 1 Tag haltbar •
Pro Portion ca. 215 kcal, 2 g E, 22 g F, 2 g KH

GUACAMOLE

KLASSIKER

1 Knoblauchzehe
1 Schalotte
1 kleine grüne Chilischote
4 Stängel Koriandergrün
1 Tomate
3 reife Avocados (ca. 480 g)
2 EL Limettensaft
Salz
Zucker
½ TL gemahlener Kreuzkümmel

1 Knoblauch und Schalotte schälen und sehr fein würfeln. Chilischote waschen, halbieren, weiße Trennwände und Kerne entfernen und die Chili fein hacken. Das Koriandergrün waschen und trocken schütteln, die Blättchen abzupfen und klein hacken. Die Tomate kreuzweise einritzen, kurz in kochendes Wasser legen, dann kalt abschrecken und die Haut abziehen. Tomate vierteln, die Kerne entfernen und das Fruchtfleisch klein würfeln.

2 Die Avocados der Länge nach halbieren und die Kerne entfernen. Das Fruchtfleisch mit einem Löffel aus der Schale lösen, mit einer Gabel grob zerdrücken und gleich mit Limettensaft, Knoblauch und Schalotte vermischen. Chili, Tomatenwürfel und Koriander unterrühren und mit Salz, 1 Prise Zucker und Kreuzkümmel abschmecken. Guacamole passt zu Maisbrot, als Teil einer Füllung für Wraps oder Tortillas und als Dip zu Grillfleisch und Nachos.

Für 4 Personen • 20 Min. Zubereitung • 2–3 Tage haltbar • Pro Portion ca. 225 kcal, 9 g E, 15 g F, 13 g KH

ERBSENAUFSTRICH MIT MINZE

FÜRS BUFFET

275 g TK-Erbsen • Salz • 1 Zwiebel • 1 EL Butter • 2 Stängel Minze • 30 g geröstete gesalzene Cashewkerne • 60 g milder Ziegenfrischkäse • 40 g Mascarpone • Pfeffer • 2 TL Zitronensaft

1 Die Erbsen 4–5 Min. in kochendem Salzwasser garen, abgießen, kalt abschrecken, abtropfen und abkühlen lassen. Inzwischen Zwiebel schälen und klein würfeln. Butter in einer kleinen beschichteten Pfanne erhitzen, Zwiebel darin glasig andünsten, herausnehmen und abkühlen lassen.

2 Minze waschen, trocken schütteln, Blättchen abzupfen und grob hacken. Die Cashewkerne im Blitzhacker fein mahlen. Mit Erbsen, Zwiebel, Ziegenfrischkäse und Minze pürieren, dabei etwas Minze zum Garnieren beiseitelegen. Mascarpone unterrühren. Mit Salz, Pfeffer und Zitronensaft abschmecken und mit der übrigen Minze garnieren. Dazu passen Cracker und Knäckebrot.

Für 4 Personen • 30 Min. Zubereitung • ca. 2 Tage haltbar • Pro Portion ca. 240 kcal, 5 g E, 21 g F, 8 g KH

BOHNEN-RUCOLA-AUFSTRICH

EINFACH

50 g Haselnusskerne • 1 Schalotte • 6 TL Olivenöl • 1 Dose weiße Bohnen (250 g Abtropfgewicht) • ½ Bund Rucola • 50 g Crème fraîche • 2 TL Zitronensaft • Salz, Pfeffer

1 Die Nüsse in einer Pfanne ohne Fett rösten. Abkühlen lassen, in ein Geschirrtuch geben und die Häutchen abreiben. Nüsse grob hacken. Schalotte schälen, klein würfeln. 1 TL Öl erhitzen und Schalotte darin andünsten, abkühlen lassen.

2 Bohnen abgießen, kalt abbrausen und gut abtropfen lassen. Rucola verlesen und von groben Stielen befreien, waschen, trocken schütteln und klein hacken. Bohnen mit Schalotte, restlichem Öl (5 TL), Crème fraîche, Zitronensaft und Nüssen fein pürieren. Bei Bedarf mit etwas Wasser cremiger rühren. Salzen und pfeffern. Rucola unterrühren, dabei 1 TL beiseitelegen und den Aufstrich damit garnieren. Dazu passt Sandwichbrot.

Für 4 Personen • 20 Min. Zubereitung • 45 Min. Garen • ungeöffnet ca. 10 Tage haltbar • Pro Portion ca. 190 kcal, 1 g E, 5 g F, 30 g KH

ZWIEBEL-MARMELADE

ZUM BRUNCH

200 g Zwiebeln • 200 g rote Zwiebeln • 1 Knoblauchzehe • 2 EL Olivenöl • 100 g Rohrzucker • 120 ml Weißweinessig • 60 ml trockener Rotwein • 1 Zweig Rosmarin • 1 kleine rote Chilischote • Salz

1 Zwiebeln, rote Zwiebeln und Knoblauch schälen, alles fein würfeln. Öl in einem Topf erhitzen, Zwiebeln und Knoblauch darin 4–5 Min. anbraten. Zucker zugeben und karamellisieren lassen. Essig und Wein zugießen, alles 40–45 Min. offen köcheln lassen, dabei ab und zu umrühren.

2 Inzwischen Rosmarin waschen und trocken schütteln. Chili waschen, halbieren, putzen und fein würfeln. Chili und Rosmarin nach ca. 15 Min. Garzeit unter die Zwiebeln rühren, mit Salz abschmecken. Rosmarinzweig entfernen, Zwiebelmarmelade heiß in Schraubgläser füllen. Dazu passen Nuss- oder Sonnenblumenbrot und Käse.

Für 4 Personen • 30 Min. Zubereitung • 30 Min. Garen • ca. 10 Tage haltbar • Pro Portion ca. 185 kcal, 2 g E, 10 g F, 20 g KH

PAPRIKA-CHUTNEY

VEGAN

2 Tomaten • 2 Zwiebeln • 1 Knoblauchzehe • 1 Stück Ingwer (ca. 1,5 cm lang) • 2 Paprika (rot und gelb) • ½ Apfel • 4 EL Olivenöl • 1 TL mildes Currypulver • 60 ml Weißweinessig • 50 g Zucker • Salz, Pfeffer

1 Tomaten kurz in kochendes Wasser legen, kalt abschrecken, häuten, entkernen und klein würfeln. Zwiebeln und Knoblauch schälen, fein würfeln. Ingwer schälen, fein hacken. Paprika waschen, putzen, klein würfeln. Apfel halbieren, schälen, entkernen und grob reiben.

2 Öl in einem Topf erhitzen. Zwiebeln und Knoblauch 2–3 Min. darin anschwitzen. Zuerst Paprika, Tomaten und Apfel, dann Ingwer und Curry unter Rühren kurz mitdünsten. Essig und Zucker zugeben. Das Chutney in 25–30 Min. zugedeckt bei kleiner Hitze garen, dabei ab und zu umrühren. Mit Salz und Pfeffer abschmecken.

1

2

3

AUBERGINENCREME

FÜR GÄSTE

4

5

6

Für 6 Personen • 30 Min. Zubereitung • 50 Min. Garen • 2–3 Tage haltbar •
Pro Portion ca. 110 kcal, 2 g E, 9 g F, 5 g KH

750 g Auberginen
Salz
2 Knoblauchzehen
5 EL Olivenöl
125 g Tomaten
1 Zwiebel
50 g griechischer Joghurt (10 % Fett)
Pfeffer
1 TL Zitronensaft
3 Stängel Petersilie (nach Belieben)

DAZU PASST
Der feine Eigengeschmack der gebackenen Auberginen steht hier im Mittelpunkt – wer es würziger mag, schmeckt die Creme mit Tahin, Kreuzkümmel und Chiliflocken ab.

1 Die Auberginen waschen und der Länge nach halbieren. Die Hautseiten mit einer Gabel mehrfach einstechen. Die Schnittflächen rautenförmig einschneiden und mit Salz einreiben. Die Auberginen ca. 10 Min. ruhen lassen.

2 Inzwischen den Backofen auf 200° vorheizen und ein Blech mit Backpapier auslegen. Knoblauch schälen, durch eine Knoblauchpresse drücken und mit 4 EL Öl verrühren. Die Auberginen mit Küchenpapier trocken tupfen und die Schnittflächen mit dem Knoblauch-Öl bestreichen. Die Auberginen mit den Schnittflächen nach unten auf das Backblech legen und 25–30 Min. im heißen Ofen (Mitte) backen.

3 Inzwischen die Tomaten kreuzweise einritzen und kurz in kochendes Wasser legen. Dann kalt abschrecken, häuten, vierteln, entkernen und klein würfeln. Die Zwiebel schälen und ebenfalls klein würfeln. Die Auberginen kurz abkühlen lassen, dann das weiche Fruchtfleisch mit einem Teelöffel aus der Schale kratzen.

4 Das restliche Olivenöl (1 EL) in einem Topf erhitzen. Zuerst die Zwiebel darin andünsten, dann die Tomatenwürfel kurz mitdünsten. Das Fruchtfleisch der Auberginen zugeben und alles offen ca. 20 Min. bei kleiner Hitze sanft köcheln lassen, dabei immer wieder umrühren. Auskühlen lassen und fein pürieren.

5 Joghurt unterrühren und die Auberginencreme mit Salz, Pfeffer und Zitronensaft abschmecken. Nach Belieben Petersilie waschen, trocken schütteln, Blättchen abzupfen, klein hacken und darüberstreuen. Dazu passen Vollkornbaguette, Cracker, Gemüsebratlinge und gebratenes oder gegrilltes Fleisch.

Für 4 Personen • 35 Min. Zubereitung • 30 Min. Backen • ca. 2 Tage haltbar • Pro Portion ca. 265 kcal, 5 g E, 23 g F, 10 g KH

MÖHREN-FENCHEL-AUFSTRICH

VITAMINREICH

580 g Möhren
4 EL Sonnenblumenöl
250 g Fenchel
1 Zwiebel
2 ½ EL Sonnenblumenkerne
1 Stück Ingwer (ca. 1,5 cm lang)
2 TL Zitronensaft
75 g Mascarpone
Salz, Pfeffer
¼ TL Ras el Hanout (marokkanische Gewürzmischung)
gemahlener Koriander

1 Backofen auf 180° vorheizen, ein Blech mit Backpapier auslegen. Möhren schälen, putzen, in fingerdicke Scheiben (ca. 1,5 cm) schneiden und mit 2 EL Öl vermischen. Fenchel waschen, putzen und in 2–3 cm große Stücke schneiden, Fenchelgrün beiseitelegen. Zwiebel schälen, in Spalten schneiden, mit dem Fenchel und dem restlichen Öl (2 EL) vermengen. Möhren auf dem Backblech verteilen und im heißen Ofen (Mitte) ca. 30 Min. backen, dabei nach ca. 10 Min. Garzeit die Fenchelmischung mit auf dem Blech verteilen.

2 Inzwischen die Sonnenblumenkerne in einer beschichteten Pfanne ohne Fett rösten, dann abkühlen lassen. Den Ingwer schälen und fein hacken. Das Ofengemüse abkühlen lassen, dann mit Ingwer und Zitronensaft fein pürieren. Mascarpone und 2 EL Sonnenblumenkerne unterrühren. Den Aufstrich mit Salz, Pfeffer, Ras el Hanout und Koriander würzen. Mit den restlichen Sonnenblumenkernen und dem Fenchelgrün garnieren. Dazu passt Fladenbrot.

*Für 4 Personen • 40 Min. Zubereitung • 1 Std. Kühlen • 3–4 Tage haltbar •
Pro Portion ca. 190 kcal, 5 g E, 17 g F, 4 g KH*

CHAMPIGNONCREME

FÜRS BUFFET

10 g getrocknete Steinpilze
270 g braune Champignons
1 Zwiebel
1 Knoblauchzehe
1 Zweig Rosmarin
3 ½ EL Olivenöl
½ TL Pul Biber (scharfe türkische Paprikaflocken)
3 EL Apfelsaft
Pfeffer
125 g Doppelrahmfrischkäse
Salz

1 Steinpilze ca. 20 Min. in 125 ml heißem Wasser einweichen, dann abgießen, abtropfen lassen und fein hacken. Inzwischen Champignons putzen und in Scheiben schneiden. Zwiebel und Knoblauch schälen, fein würfeln. Rosmarin waschen, trocken tupfen, Nadeln fein hacken, die Hälfte davon mit 1 ½ EL Öl und Pul Biber vermischen.

2 Das restliche Öl (2 EL) in einer weiten beschichteten Pfanne erhitzen. Champignons darin andünsten. Steinpilze, Zwiebel, Knoblauch und übrigen Rosmarin zugeben, weitere 3 Min. dünsten. Apfelsaft zugießen und alles unter Rühren garen, bis die Flüssigkeit verdampft ist. Mit Pfeffer würzen, abkühlen lassen und ca. 1 Std. kalt stellen.

3 Die Pilzmischung bei Bedarf abtropfen lassen. In einen hohen Rührbecher geben und mit dem Frischkäse pürieren. Champignoncreme mit Salz und Pfeffer abschmecken und mit dem Rosmarin-Öl beträufeln. Dazu passen Haferbrötchen oder rohe Gemüsesticks.

*Für 6 Personen • 30 Min. Zubereitung • 2–3 Tage haltbar •
Pro Portion ca. 235 kcal, 4 g E, 23 g F, 2 g KH*

TOMATEN-PESTOCREME

SCHNELL

30 g getrocknete Tomaten
30 g Mandeln
1 Knoblauchzehe
3 Stängel Basilikum
1 TL Tomatenmark
3 EL Olivenöl
25 g Parmesan
100 g Doppelrahmfrischkäse
100 g Mascarpone
Salz, Pfeffer

1 Tomaten klein schneiden und in einem kleinen Topf mit 75 ml Wasser 6–8 Min. zugedeckt köcheln lassen. Dann im Kochwasser abkühlen lassen. Inzwischen die Mandeln mit kochend heißem Wasser überbrühen, kurz darin ziehen lassen, eiskalt abschrecken, häuten und trocken tupfen. Mandeln grob hacken, in einer beschichteten Pfanne ohne Fett hellbraun rösten und abkühlen lassen. 1 TL Mandeln beiseitelegen.

2 Knoblauch schälen und fein würfeln. Basilikum waschen, trocken schütteln und Blättchen abzupfen. Einige Blättchen beiseitelegen, den Rest grob hacken. Die Tomaten samt Einweichwasser, Mandeln, Knoblauch, gehacktem Basilikum, Tomatenmark und Olivenöl fein pürieren.

3 Parmesan fein reiben. Frischkäse und Mascarpone zur Tomatenmischung geben und kurz pürieren. Parmesan unterrühren, mit Salz und Pfeffer abschmecken. Die Pestocreme mit dem restlichen Basilikum und den übrigen Mandeln garnieren. Dazu passen Crostini oder Pasta.

Für 4 Personen • 25 Min. Zubereitung • 1 Std. Kühlen • 20 Min. Garen • 2–3 Tage haltbar • Pro Portion ca. 195 kcal, 6 g E, 17 g F, 5 g KH

ZUCCHINI-PISTAZIEN-PESTO

GUT VORZUBEREITEN

680 g Zucchini
1 Zwiebel
4 EL Olivenöl
1 Knoblauchzehe
Salz, Pfeffer
mildes Currypulver
35 g Pecorino
25 g gehackte Pistazienkerne

TIPP
Als Pastasauce noch 1 Spritzer Zitronensaft unter das Pesto mischen. Mit fein geriebenem Pecorino oder Parmesan bestreuen.

1 Den Backofen auf 180° vorheizen und ein Blech mit Backpapier auslegen. Die Zucchini waschen, putzen, längs vierteln, in ca. 2 cm breite Stücke schneiden und in eine Schüssel füllen. Die Zwiebel schälen und grob würfeln, mit 3 EL Öl dazugeben.

2 Knoblauch schälen und zu den Zucchiniwürfeln pressen. Mit Salz, Pfeffer und ½ TL Currypulver würzen. Alles gut vermischen, auf dem Backblech verteilen und ca. 20 Min. im heißen Ofen (Mitte) garen. Dann das Gemüse abkühlen lassen und ca. 1 Std. kalt stellen.

3 Das Gemüse bei Bedarf abtropfen lassen. Den Pecorino grob reiben. Die Zucchini-Mischung, das restliche Öl (1 EL) und den Pecorino in einen hohen Rührbecher geben und alles etwas gröber pürieren. Die Pistazien unterrühren und das Pesto mit Salz, Pfeffer und Currypulver abschmecken. Dazu passt geröstetes Dinkelbrot.

SÜSSES

Für 8 Personen • 35 Min. Zubereitung • ca. 8 Tage haltbar • Pro Portion ca. 255 kcal, 3 g E, 15 g F, 27 g KH

ERDBEER-CURD MIT LIMETTE

SOMMER-REZEPT

200 g Erdbeeren
2 Bio-Limetten
120 g Butter
200 g Zucker
2 Eier (M)
2 Eigelb (M)

MEHR DARAUS MACHEN
Erdbeer-Curd eignet sich auch als cremige Tortenfüllung zwischen Biskuitböden – oder als Belag für eine süße Tarte: dafür den Curd auf einem ausgekühlten Mürbeteigboden (mit Rand) verteilen, eine Schicht Baisermasse daraufgeben und unter dem heißen Backofengrill einige Minuten überbacken.

1 Die Erdbeeren vorsichtig waschen, gut abtropfen lassen, putzen und von den grünen Kelchblättern befreien. Dann pürieren und mithilfe eines Löffels durch ein feines Sieb streichen. 1 Limette heiß waschen, trocken tupfen und die Schale fein abreiben. Beide Limetten halbieren und den Saft auspressen.

2 Die Butter in Stücke schneiden und in einen kleinen Topf geben. Mit dem Erdbeerpüree, 3 EL Limettensaft und 1 TL Limettenschale unter Rühren erhitzen, bis die Mischung fast kocht. Den Zucker in die Erdbeermischung einrühren und erhitzen, bis er sich aufgelöst hat. Alles etwas abkühlen lassen.

3 Eier und Eigelbe verquirlen und in die Erdbeermischung einrühren. Alles unter ständigem Rühren bei mittlerer Hitze 5–10 Min. erwärmen, bis die Masse andickt (sie darf aber nicht kochen!). Dann in kleine, saubere Schraubgläser füllen und verschließen. Den Erdbeer-Curd abkühlen lassen und kalt stellen. Dazu passen helle Brötchen und englische Scones.

GU **CLOU**

Beim Zubereiten eines Curds wird die Mischung aus Früchten, Eiern und Butter normalerweise in einer Metallschüssel über dem heißen Wasserbad erhitzt. Dabei ist es einfacher, die Mischung – wie im Rezept – unter ständigem Rühren im Topf zu erwärmen. Die Masse darf dabei allerdings auf keinen Fall kochen, weil sie sonst gerinnt!

Für 6 Personen • 50 Min. Zubereitung • ca. 4 Wochen haltbar • Pro Portion ca. 295 kcal, 2 g E, 0 g F, 70 g KH

HIMBEER-ROTE-BETE-SPREAD

FÜR KINDER

380 g Rote Bete
175 ml dunkler Traubensaft
1 EL Zucker
300 g Himbeeren
½ Vanilleschote
1 Bio-Orange
330 g Gelierzucker (1:1)

1 Rote Bete schälen und in kleine Würfel (ca. 1 × 1 cm) schneiden, dabei am besten Einmalhandschuhe verwenden, da Rote Bete stark abfärbt. Die Würfel mit Traubensaft und Zucker aufkochen, in 15–20 Min. zugedeckt weich kochen, dabei gelegentlich umrühren. Inzwischen Himbeeren verlesen, bei Bedarf abbrausen und gut abtropfen lassen. Pürieren und durch ein feines Sieb streichen.

2 Rote Bete aus dem Sud heben, abtropfen lassen (den Sud z. B. für einen Smoothie weiterverwenden). Das Mark aus der Vanilleschote herauskratzen. Die Rote Bete fein pürieren, 200 g abwiegen und in einen Topf geben. 200 g Himbeerpüree abwiegen und dazugeben. Orange heiß waschen, trocken tupfen, 1 TL Schale abreiben und mit Vanillemark und Gelierzucker zum Püree geben. Alles aufkochen und unter Rühren ca. 4 Min. offen sprudelnd kochen. Spread in kleine Schraubgläser füllen, abkühlen lassen und kalt stellen. Dazu passt Gebäck aus süßem Hefeteig, z. B. Bagels.

Für 4 Personen • 30 Min. Zubereitung • 1 Std. Kühlen • ca. 1 Tag haltbar •
Pro Portion ca. 275 kcal, 7 g E, 16 g F, 24 g KH

HEIDELBEER-LAVENDEL-QUARK

ZUM BRUNCH

250 g Heidelbeeren
30 g Zucker
2 TL getrocknete Lavendelblüten
175 g Doppelrahmfrischkäse
100 g Magerquark
60 g weiße Schokolade

GUT ZU WISSEN
Getrocknete Lavendelblüten aus Duftsäckchen sind nicht zum Kochen geeignet – besser im Gewürzhandel kaufen. Die Blüten sollten kräftig violett aussehen.

1 Die Heidelbeeren verlesen, waschen und gut abtropfen lassen. 120 g Heidelbeeren abwiegen, mit dem Zucker in einen kleinen Topf geben und mithilfe einer Gabel zerdrücken. Die Lavendelblüten zugeben, alles erhitzen und 4–5 Min. unter Rühren kochen. Danach die Beerenmischung durch ein Sieb streichen und abkühlen lassen.

2 Den Frischkäse mit dem Quark und 4 EL Beerenpüree verrühren. Die Schokolade grob hacken und über dem heißen Wasserbad schmelzen. Die Schokolade unter die Frischkäse-Quark-Mischung rühren. 1 EL der Heidelbeeren für die Garnitur beiseitelegen, die restlichen Beeren unter die Frischkäse-Quark-Mischung rühren und ca. 1 Std. kalt stellen. Die Quarkcreme mit dem restlichen Beerenpüree und den übrigen Beeren garnieren. Dazu passt Brioche.

Für 4 Personen • 25 Min. Zubereitung • ca. 4 Wochen haltbar • Pro Portion ca. 320 kcal, 1 g E, 3 g F, 71 g KH

BANANEN-KIRSCH-AUFSTRICH

AROMATISCH

1 Bio-Zitrone • 3 reife Bananen • 15 g Kokosraspel • 50 g getrocknete gesüßte Soft-Kirschen • 200 g Gelierzucker (1:1)

1 Die Zitrone heiß waschen, trocken tupfen, ½ TL Schale abreiben und den Saft auspressen. Die Bananen schälen, 250 g Fruchtfleisch abwiegen, in grobe Stücke schneiden und mit Zitronenabrieb und -saft in einen hohen Rührbecher füllen. Die Kokosraspel zugeben und alles mit einem Stabmixer fein pürieren.

2 Die Kirschen grob hacken. Das Bananenpüree mit dem Gelierzucker in einen Topf füllen, unter Rühren aufkochen und ca. 4 Min. unter ständigem Rühren sprudelnd kochen, dabei kurz vor Ende der Garzeit die Kirschen unterrühren. Den Bananen-Kirsch-Aufstrich in ein Schraubglas füllen, abkühlen lassen und kalt stellen. Dazu passen Dinkelbrötchen.

Für 4 Personen • 25 Min. Zubereitung • 1–2 Tage haltbar • Pro Portion ca. 435 kcal, 6 g E, 33 g F, 29 g KH

KIWI-AVOCADO-AUFSTRICH

VITAMINREICH

½ Bio-Zitrone • 2 Kiwis (ca. 180 g) • 90 g Gelierzucker (1:1) • 1 reife Avocado (ca. 225 g) • 150 g Doppelrahmfrischkäse • 80 g Mascarpone • 25 g gehackte Pistazienkerne

1 Die Zitrone heiß waschen und trocken tupfen, die Schale abreiben und den Saft auspressen. Kiwis schälen, klein würfeln, mit Zitronenabrieb und Gelierzucker in einen Topf geben und mit einer Gabel zerdrücken. Alles erhitzen, unter Rühren ca. 5 Min. offen kochen, dann abkühlen lassen.

2 Inzwischen Avocado längs halbieren, Kern entfernen, Fruchtfleisch aus der Schale lösen und grob zerschneiden. Mit 1 EL Zitronensaft, Frischkäse und Mascarpone pürieren. Etwa 100 g Kiwi-Konfitüre und Pistazien unterrühren, dabei einige Pistazien beiseitelegen und den fertigen Aufstrich damit garnieren. Restliche Kiwi-Konfitüre dazu reichen. Dazu passt Zwieback oder Knäckebrot.

Für 4 Personen • 30 Min. Zubereitung • 35 Min. Garen • 1–2 Tage haltbar • Pro Portion ca. 270 kcal, 4 g E, 15 g F, 31 g KH

MANGO-KÜRBIS-CREME

HERBST-REZEPT

250 g Hokkaido-Kürbis • 2 EL Sonnenblumenöl • 3 EL Rohrzucker • 1 reife Mango (ca. 380 g) • 150 g Doppelrahmfrischkäse

1 Backofen auf 180° vorheizen, ein Blech mit Backpapier auslegen. Kürbis waschen, putzen und mit Schale klein würfeln (ca. 2 × 2 cm). Die Würfel mit 1 EL Öl mischen und auf einer Hälfte des Blechs verteilen. Mit 1 EL Zucker bestreuen, ca. 35 Min. im heißen Ofen (Mitte) garen.

2 Inzwischen Mango schälen, Fruchtfleisch vom Stein schneiden, klein würfeln (ca. 2 × 2 cm). Mit restlichem Öl (1 EL) mischen und nach ca. 15 Min. Backzeit mit auf das Blech legen. Mit 1 EL Zucker bestreuen und mitgaren. Alles auskühlen lassen. 100 g Kürbis und 100 g Mango mit Frischkäse und übrigem Zucker (1 EL) pürieren. Die Creme nach Belieben mit den übrigen Mangowürfeln garnieren. Dazu passen Körner- oder Müslibrötchen.

Für 4 Personen • 30 Min. Zubereitung • 1 Std. Ruhen • ca. 7 Tage haltbar • Pro Portion ca. 300 kcal, 5 g E, 15 g F, 32 g KH

PFLAUMENPASTE MIT WALNUSS-KROKANT

FÜR GÄSTE

½ Vanilleschote • 175 g getrocknete Soft-Pflaumen • 1 TL Ceylon-Zimtpulver • 120 ml Mandeldrink • 85 g Walnusskerne • 30 g Puderzucker • 1 TL Butter • 1 TL Kakaopulver (schwach entölt)

1 Mark aus der Vanilleschote herauskratzen. Pflaumen klein schneiden, mit Vanillemark, Zimt und Mandeldrink in einem Topf kurz aufkochen und ca. 1 Std. ohne Hitze zugedeckt ziehen lassen.

2 Inzwischen Walnüsse grob hacken, mit Puderzucker und Butter in einer beschichteten Pfanne unter ständigem Rühren goldbraun (nicht zu dunkel!) karamellisieren. Auf einem mit Backpapier ausgelegten Blech abkühlen lassen. Mit dem Kakao zur Pflaumenmischung geben, dabei 1 TL Walnuss-Krokant beiseitelegen. Die Pflaumenmischung fein pürieren und mit dem übrigen Walnuss-Krokant garnieren. Dazu passen Croissants.

Für 4 Personen • 30 Min. Zubereitung • 40 Min. Backen • 2 Std. Kühlen • 2–3 Tage haltbar • Pro Portion ca. 265 kcal, 3 g E, 14 g F, 30 g KH

BRATAPFELAUFSTRICH

WINTER-REZEPT

600 g säuerliche Äpfel
3 EL Zitronensaft
50 g Zucker
½ TL Ceylon-Zimtpulver
35 g Mandeln
30 g Rosinen
75 g Mascarpone
2 TL Milch
1 TL Vanillezucker

AUSSERDEM
Butter für die Auflaufform

TAUSCH-TIPP
Wer keine Rosinen mag: einfach weglassen oder durch getrocknete Cranberrys ersetzen.

1 Backofen auf 180° vorheizen. Die Äpfel schälen, vierteln, vom Kerngehäuse befreien und in kleine Würfel schneiden. Mit Zitronensaft, Zucker und Zimt vermischen. Eine Auflaufform mit Butter fetten und die Apfelmischung in einer Lage darin verteilen. Im heißen Ofen (Mitte) 35–40 Min. backen, dabei mehrmals wenden. Danach abkühlen lassen.

2 Inzwischen die Mandeln mit kochend heißem Wasser überbrühen und kurz darin ziehen lassen. Dann eiskalt abschrecken und häuten, fein hacken und in einer beschichteten Pfanne ohne Fett rösten. Herausnehmen und abkühlen lassen. Die Rosinen in einem Sieb kalt abbrausen und gut abtropfen lassen, dann mit Küchenpapier trocken tupfen. Die Apfelmischung mit 10 g Mandeln in einen hohen Rührbecher füllen und fein pürieren. Übrige Mandeln und Rosinen unterrühren. Die Apfelmischung abkühlen lassen und ca. 2 Std. zugedeckt kalt stellen.

3 Den Mascarpone mit Milch und Vanillezucker verrühren und mithilfe einer Gabel unter die Apfelmischung ziehen, sodass sie marmoriert wird. Zum Bratapfelaufstrich passen Hefezopf und Toastbrot oder kräftiges Roggenbrot.

Für 6 Personen • 30 Min. Zubereitung • 20 Min. Garen • ca. 4 Wochen haltbar • Pro Portion ca. 280 kcal, 0 g E, 0 g F, 68 g KH

BIRNENAUFSTRICH MIT ROSMARIN

ZUM FRÜHSTÜCK

1 Zitrone
2 Zweige Rosmarin
3 reife Birnen (ca. 600 g)
100 ml naturtrüber Apfelsaft
360 g Gelierzucker (1:1)

1 Die Zitrone halbieren und den Saft auspressen. Den Rosmarin waschen, trocken schütteln und drei (ganze) kleine Nadelbüschel beiseitelegen. Die restlichen Nadeln abzupfen und grob hacken. Die Birnen waschen und trocken tupfen, längs vierteln, vom Kerngehäuse befreien und in kleine Stücke schneiden.

2 Die Birnen mit Zitronensaft, Apfelsaft und dem gehackten Rosmarin in einem Topf aufkochen. Birnen in 10–15 Min. offen weich kochen, dabei öfter umrühren. Dann mit einem Kartoffelstampfer zerdrücken und mithilfe eines Löffels durch ein feines Sieb streichen.

3 400 g der Birnenmischung abwiegen, mit Gelierzucker und den beiseitegelegten Rosmarinbüscheln aufkochen. Alles unter Rühren ca. 4 Min. offen sprudelnd kochen. Birnenaufstrich in ein sauberes Schraubglas füllen, verschließen, abkühlen lassen und kalt stellen. Dazu passt geröstetes Weißbrot.

Für 8 Personen • 40 Min. Zubereitung • ca. 14 Tage haltbar • Pro Portion ca. 265 kcal, 3 g E, 22 g F, 14 g KH

SCHOKO-NUSS-CREME

FÜR KINDER

100 g Haselnusskerne
70 g Puderzucker
30 ml Sonnenblumenöl
½ Vanilleschote
100 g Zartbitter-Schokolade (mind. 60 % Kakaogehalt)
50 g Süßrahmbutter
5 g Kakaopulver (schwach entölt)

MEHR DARAUS MACHEN
Für eine Schokosauce die Creme einfach erhitzen und z. B. zu Eis, Pudding, Crêpes oder Churros servieren.

1 Den Backofen auf 180° vorheizen und ein Blech mit Backpapier auslegen. Die Haselnüsse auf dem Blech verteilen und im heißen Ofen (Mitte) 8–10 Min. rösten, bis die Nüsse goldbraun sind und die Haut aufplatzt. Dann abkühlen lassen, in ein sauberes Geschirrtuch geben und die Häutchen darin abreiben.

2 Die Nüsse, 50 g Puderzucker und das Öl in einem Blitzhacker sehr fein mahlen (je länger, desto cremiger). Das Mark aus der Vanilleschote herauskratzen. Die Schokolade in Stücke brechen, Butter grob würfeln. Beides mit Kakao und Vanillemark in einer Metallschüssel über dem heißen Wasserbad unter Rühren schmelzen.

3 Die Schokomischung mit dem restlichen Puderzucker (20 g) zur Nusspaste in den Blitzhacker geben, alles gut durchmixen. Die Schoko-Nuss-Creme in ein Schraubglas füllen, verschließen, abkühlen lassen und kalt stellen. Dazu passen Croissants.

Für 4 Personen • 15 Min. Zubereitung • ca. 1 Tag haltbar • Pro Portion ca. 235 kcal, 7 g E, 14 g F, 20 g KH

SCHOKOKUSS-QUARK MIT MANDARINEN

SCHNELL

120 g Mandarinen (aus der Dose) • 1 Bio-Zitrone • 8 Mini-Schokoküsse mit dunkler Schokolade • 225 g Sahnequark • 80 g Doppelrahmfrischkäse • 2 TL Vanillezucker

1 Die Mandarinen abgießen und gut abtropfen lassen. Die Zitrone heiß waschen und trocken tupfen, die Schale abreiben und den Saft auspressen. Die Waffelböden der Schokoküsse mit einem Messer abschneiden und beiseitelegen.

2 Den Sahnequark mit dem Frischkäse, 1 TL Zitronenabrieb, 1 EL Zitronensaft und dem Vanillezucker verrühren. Die Schokoküsse zu der Quarkmischung geben, grob zerdrücken und unterheben. Mandarinen ebenfalls unterheben. Den Schokokuss-Mandarinen-Quark mit den beiseitegelegten Waffelböden servieren. Dazu passen auch Milchbrötchen oder Waffeln.

Für 6 Personen • 25 Min. Zubereitung • 2 Std. Kühlen • ca. 14 Tage haltbar • Pro Portion ca. 355 kcal, 3 g E, 27 g F, 24 g KH

WEISSE SCHOKO-ANANAS-CREME

EINFACH

20 g Kokosraspel • 30 g getrocknete ungesüßte Ananas (Stücke oder Scheiben) • 180 g weiße Schokolade • 45 g geröstete gesalzene Macadamianusskerne • 50 g Süßrahmbutter • 70 g Sahne

1 Kokosraspel in einer beschichteten Pfanne ohne Fett unter Rühren hellbraun rösten, herausnehmen und abkühlen lassen. Ananas fein hacken oder sehr klein würfeln, Schokolade in kleine Stücke brechen. Macadamianüsse und Kokosraspel in einem Blitzhacker sehr fein zerkleinern.

2 Butter grob zerkleinern und mit der Sahne in einem Topf erhitzen. Dann vom Herd nehmen, die Schokolade zugeben und unter Rühren schmelzen. Die Kokos-Macadamianuss-Mischung und die Ananas gut unterrühren. Die Schokocreme abkühlen lassen und ca. 2 Std. kalt stellen. Dazu passen Reiswaffeln oder Zwieback.

Für 4 Personen • 20 Min. Zubereitung • ca. 10 Tage haltbar • Pro Portion ca. 335 kcal, 5 g E, 23 g F, 28 g KH

ERDNUSS-KARAMELL-AUFSTRICH

GÜNSTIG

50 g geröstete gesalzene Erdnusskerne • 75 g Zucker • 25 g Süßrahmbutter • 100 g Sahne • 50 g Vollmilch-Schokolade

1 Die Erdnüsse grob hacken. Den Zucker in einem Topf bei mittlerer Hitze unter Rühren karamellisieren, dann vom Herd nehmen. Die Butter unter den karamellisierten Zucker rühren (Vorsicht, das kann spritzen!), erhitzen und ca. 1 Min. köcheln lassen. Inzwischen die Sahne in einem zweiten Topf erhitzen, dann nach und nach unter die Karamellmischung rühren.

2 Die Erdnüsse unterrühren, dann alles etwas abkühlen lassen. Schokolade in Stücke brechen und unter Rühren in der Karamellmischung schmelzen. Den Erdnuss-Karamell-Aufstrich in ein Schraubglas füllen, abkühlen lassen und kalt stellen. Dazu passen helle Brötchen.

Für 6 Personen • 40 Min. Zubereitung • 2 Std. Kühlen • 6–7 Tage haltbar • Pro Portion ca. 325 kcal, 3 g E, 19 g F, 36 g KH

COOKIE-DOUGH-SPREAD

GUT VORZUBEREITEN

80 g Weizenmehl Type 550 • 50 g Macadamianusskerne • 65 g weiche Butter • 45 g Rohrzucker • Salz • 40 ml Agavendicksaft • 50 g Honig • 4 TL Milch • 10 g Kakaopulver (schwach entölt) • 60 g weiße Schokolade

1 Backofen auf 120° vorheizen. Ein Blech mit Backpapier auslegen, Mehl darauf verteilen. Im heißen Ofen (Mitte) ca. 15 Min. erhitzen, damit das Mehl keimfrei wird. Abkühlen lassen.

2 Inzwischen Macadamianüsse in einem Blitzhacker fein hacken. Butter cremig rühren, Zucker und 1 Prise Salz untermengen. Agavendicksaft, Honig und Milch unterrühren. Mehl und Kakao mit einem Schneebesen vermischen und sieben, ebenfalls unterrühren. Schokolade fein hacken, ein wenig beiseitelegen und den Rest mit den Nüssen unter den Spread rühren, ca. 2 Std. kalt stellen. Mit der übrigen Schokolade garnieren.

REGISTER

Vegetarische Rezepte, die im Buch mit einem ● gekennzeichnet sind, sind hier grün abgesetzt.

Abkürzungsverzeichnis:
E = Eiweiß
EL = Esslöffel (gestrichen)
F = Fett
kcal = Kilokalorien
KH = Kohlenhydrate
Msp. = Messerspitze
TK- = Tiefkühl-
TL = Teelöffel (gestrichen)

Projektleitung: Linh Nguyen
Lektorat: Julia Genazino
Korrektorat: Jutta Friedrich
Gesamtgestaltung: independent Medien-Design, München: Horst Moser (Artdirection), Lucie Heselich, Svenja Wamser
Herstellung: Mendy Willerich
Satz: Kösel, Krugzell
Reproduktion: Medienprinzen GmbH, München
Druck und Bindung: Firmengruppe APPL, aprinta druck, Wemding
Syndication: www.seasons.agency
Printed in Germany

1. Auflage 2019
ISBN 978-3-8338-6877-1

www.facebook.com/gu.verlag

GRÄFE UND UNZER
Ein Unternehmen der
GANSKE VERLAGSGRUPPE

DER AUTOR

Marco Seifried ist gelernter Koch, Diplom-Oecotrophologe und begeisterter Kochbuchautor. Er war lange für einen großen Hamburger Verlag als Food-Redakteur tätig und arbeitet heute als freier Food-Journalist für verschiedene renommierte Zeitschriften und Verlage. Für dieses Buch konnte er seine große Leidenschaft für selbst gemachte Aufstriche und frisches, gutes Brot fantasievoll ausleben.

DER FOTOGRAF

Klaus Arras arbeitet als Food-Fotograf in Köln für namhafte Verlage. Die natürliche Atmosphäre bei seinen Aufnahmen liegt ihm besonders am Herzen. Bei diesem Projekt hat er mit Unterstützung von **Katja Briol** (Foodstyling) die Aufstriche stimmungsvoll in Szene gesetzt.

BILDNACHWEIS

Klaus Arras: S. 06–59 und Stepfotos auf den Klappen
Coco Lang (Foodstyling: Akos Neuberger): S. 01, S. 05 und Stillleben auf den Klappen
Coverfoto: Kathrin Koschitzki
Autorenfoto: privat

Umwelthinweis:
Dieses Buch ist auf PEFC-zertifiziertem Papier aus nachhaltiger Waldwirtschaft gedruckt.

QUALITÄTS G|U GARANTIE

LIEBE LESERINNEN UND LESER,

wir wollen Ihnen mit diesem Buch Informationen und Anregungen geben, um Ihnen das Leben zu erleichtern oder Sie zu inspirieren, Neues auszuprobieren. Wir achten bei der Erstellung unserer Bücher auf Aktualität und stellen höchste Ansprüche an Inhalt und Gestaltung. Alle Anleitungen und Rezepte werden von unseren Autoren, jeweils Experten auf ihrem Gebiet, gewissenhaft erstellt und von unseren Redakteuren/innen mit größter Sorgfalt ausgewählt und geprüft.

Haben wir Ihre Erwartungen erfüllt? Sind Sie mit diesem Buch und seinen Inhalten zufrieden? Haben Sie weitere Fragen zu diesem Thema? Wir freuen uns auf Ihre Rückmeldung, auf Lob, Kritik und Anregungen, damit wir für Sie immer besser werden können. Und wir freuen uns, wenn Sie diesen Titel weiterempfehlen, in Ihrem Freundeskreis oder online.

Sollten wir Ihre Erwartungen so gar nicht erfüllt haben, tauschen wir Ihnen Ihr Buch jederzeit gegen ein gleichwertiges zum gleichen oder ähnlichen Thema um.

KONTAKT

GRÄFE UND UNZER VERLAG
Leserservice
Postfach 86 03 13
81630 München
E-Mail: leserservice@graefe-und-unzer.de

Telefon: 0 08 00 / 72 37 33 33*
Telefax: 0 08 00 / 50 12 05 44*
Mo – Do: 9.00 – 17.00 Uhr
Fr: 9.00 – 16.00 Uhr (*gebührenfrei in D,A,CH)

APPETIT AUF MEHR?

ISBN 978-3-8338-6160-4

ISBN 978-3-8338-6762-0

ISBN 978-3-8338-2711-2

ISBN 978-3-8338-6456-8

ISBN 978-3-8338-5827-7

ISBN 978-3-8338-4475-1

Alle hier vorgestellten Bücher sind auch als eBook erhältlich.

GU

Mehr von GU auf **www.gu.de** und **facebook.com/gu.verlag**

DIE »GU KOCHEN PLUS«-APP

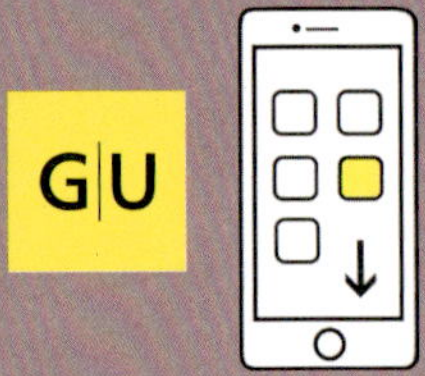

1 APP HERUNTERLADEN

Laden Sie die kostenlose »GU Kochen Plus«-App im Apple App Store oder im Google Play Store auf Ihr Smartphone. Starten Sie die App und wählen Sie Ihren Küchenratgeber aus.

2 REZEPTBILD SCANNEN

Scannen Sie das gewünschte Rezeptbild mit der Kamera Ihres Smartphones. Klicken Sie im Display die Funktion Ihrer Wahl.

3 FUNKTIONEN NUTZEN

Sammeln Sie Ihre Lieblingsrezepte. Speichern und verschicken Sie Ihre Einkaufslisten. Oder nutzen Sie den praktischen Supermarkt-Finder und den Rezept-Planer.